JN190444

わかりやすい

障害者権利条約

知的障害のある人の権利のために

長瀬 修……編著

Convention

on the Rights

of Persons

with

Disabilities

(CRPD)

伏流社

はじめに

国連《こくれん》が障害者《しょうがいしゃ》の権利《けんり》を守《まも》り、障害者《しょうがいしゃ》への差別《さべつ》をなくすために、障害者権利《しょうがいしゃけんり》条約《じょうやく》を作《つく》ったのは、二〇〇六年《ねん》でした。そして、二〇一四年《ねん》に障害者権利《しょうがいしゃけんり》条《じょう》約《やく》は日本《にほん》の法律《ほうりつ》になりました（批准《ひじゅん》といいます）。

二〇一六年《ねん》に日本政府《にほんせいふ》は、障害者権利条約《しょうがいしゃけんりじょうやく》をどう守《まも》っているのかを伝《つた》えるために、国連《こくれん》に報告書《ほうこくしょ》を出《だ》しました。その二〇一六年《ねん》にとても悲《かな》しい事件《じけん》が起《お》きたことを皆《みな》さんは覚《おぼ》えていることでしょう。七月《がつ》二六日《にち》に、神奈川県相模《かながわけんさがみ》原市《はらし》にある津久井《つくい》やまゆり園《えん》で一九名《めい》の知的障害者《ちてきしょうがいしゃ》が殺《ころ》されてしまったのです。私《わたし》たちは本当《ほんとう》に大《おお》きなショックを受《う》けました。この事件《じけん》は、世界《せかい》でもニュースになりました。
国連《こくれん》の障害者権利委員会《しょうがいしゃけんりいいんかい》という世界《せかい》の障害者《しょうがいしゃ》の権利《けんり》を守《まも》るための委員会《いいんかい》に知的障害者《ちてきしょうがいしゃ》が初《はじ》めて選《えら》ばれたのが、ちょうど二〇一六年《ねん》でした。選《えら》ばれたのは、ニュージーランドのロバート・マーティンさんでした。そのマーティンさんからすぐにメッセージが届《とど》きました。

私《わたし》は日本《にほん》を思《おも》い、特《とく》に日本《にほん》の障害者《しょうがいしゃ》の方々《かたがた》を思《おも》っています。この悲劇《ひげき》の時《とき》に、私《わたし》の心《こころ》と想《おも》いは皆様《みなさま》と共《とも》にあります。私《わたし》たちは、他《ほか》の悲劇《ひげき》に巻《ま》き込《こ》まれた人々《ひとびと》を忘《わす》れないのとまさに同《おな》じように、障害者《しょうがいしゃ》のことを忘《わす》れないようにする必要《ひつよう》があります。このような悲劇《ひげき》を再《ふたた》び起《お》こさないために、国《こく》連障害者権利委員会《れんしょうがいしゃけんりいいんかい》での私《わたし》の役割《やくわり》の中《なか》で、障害者《しょうがいしゃ》が大切《たいせつ》な市民《しみん》として見《み》られるよう私《わたし》は懸命《けんめい》に努力《どりょく》します。世界《せかい》の人々《ひとびと》は、障害者《しょうがいしゃ》を仲間《なかま》の人間《にんげん》として、本当《ほんとう》の人間《にんげん》として見《み》なければなりません。キアカハ。皆様《みなさま》を応《おう》援《えん》しています。

「キアカハ」というのは、ニュージーランドに昔《むかし》から住《す》んでいるマオリという人《ひと》たちの言葉《ことば》で、「応援《おうえん》しています」という意味《いみ》です。私《わたし》たちは障害者《しょうがいしゃ》の人《じん》権《けん》を大切《たいせつ》にしようとしています。でも、例《たと》えば日本《にほん》ならアイヌのような、昔《むかし》から住《す》んでいる人《ひと》たち（先住民《せんじゅうみん》と言《い》います）のことだったり、LGPTのように性《せい》のことで差別《さべつ》されないようするなど、他《ほか》の人権《じんけん》のことも同《おな》じだけ大切《たいせつ》に思《おも》います。

このメッセージをくださったマーティンさんは、二〇一七年《ねん》から国連《こくれん》の委員《いいん》として活躍《かつやく》しています（写真《しゃしん》は二ページを見《み》てください）。マーティンさんが委員《いいん》になってから、障害者権利条約《しょうがいしゃけんりじょうやく》をそれぞれの国《くに》がきちんと守《まも》っているかどうかチェックする障害者権利委員会《しょうがいしゃけんりいいんかい》は、わかりやすい情報提供《じょうほうていきょう》に積極的《せっきょくてき》に取《と》り組《く》み始《はじ》めました。この本《ほん》も、障害者権利条約《しょうがいしゃけんりじょうやく》をわかりやすくするための努力《どりょく》の一《ひと》つです。マーティンさんからは以下《いか》のメッセージをこの本に頂《いただ》きました。

障害者権利条約《しょうがいしゃけんりじょうやく》を、読《よ》みやすい形《かたち》で日本《にほん》の皆様《みなさま》が利用《りよう》できるようになったことを心《こころ》からお喜《よろこ》び申《もう》し上《あ》げます。

わかりやすく、読《よ》みやすい形《かたち》で情報《じょうほう》が手《て》に入《はい》ることは、知的障害者《ちてきしょうがいしゃ》が障害者権利条約《しょうがいしゃけんりじょうやく》を勉強《べんきょう》できて、自分《じぶん》たちにとって障害者権利条約《しょうがいしゃけんりじょうやく》にはどんな意味《いみ》があるのか理解《りかい》できることを意味《いみ》しています。障害者権利条約《しょうがいしゃけんりじょうやく》を自分《じぶん》で使《つか》うために、わかりやすい情報《じょうほう》を得《え》る権利《けんり》を私《わたし》たちは持《も》っています。この本《ほん》を使《つか》って、日本《にほん》の知的障害者《ちてきしょうがいしゃ》の皆様《みなさま》が日々《ひび》、障害者権利条約《しょうがいしゃけんりじょうやく》を活《い》かして生《い》きることができるように願《ねが》っています。毎日《まいにち》の生活《せいかつ》で障害者権利条約《しょうがいしゃけんりじょうやく》を活用《かつよう》することが一番大切《いちばんたいせつ》だからです。

障害者権利条約《しょうがいしゃけんりじょうやく》を皆様《みなさま》が知《し》り、理解《りかい》することが大切《たいせつ》なもう一《ひと》つの理由《りゆう》は、皆様《みなさま》が障害者権利条約《しょうがいしゃけんりじょうやく》の研修《けんしゅう》をする側《がわ》になるために必要《ひつよう》だからです。

日本《にほん》で知的障害者《ちてきしょうがいしゃ》の皆様《みなさま》が政府《せいふ》の人《ひと》や、他《ほか》の知的障害者《ちてきしょうがいしゃ》の方《かた》のために、この条約《じょうやく》の研修《けんしゅう》をするのは素晴《すば》らしいことです。

この本《ほん》を活用《かつよう》して障害者権利条約《しょうがいしゃけんりじょうやく》に詳《くわ》しい知的障害者《ちてきしょうがいしゃ》が増《ふ》えれば、障害者権利委員会《しょうがいしゃけんりいいんかい》に日本《にほん》の知的障害者《ちてきしょうがいしゃ》の委員《いいん》を迎《むか》える日《ひ》が来《く》るかもしれません。そうなったら、どんなにうれしいことでしょうか。

この本《ほん》が日本《にほん》で、わかりやすく読《よ》みやすい情報《じょうほう》を増《ふ》やすための取《と》り組《く》みの一歩《いっぽ》となることを願《ねが》います。出版《しゅっぱん》という素晴《すば》らしい成果《せいか》、おめでとうございます。

この本《ほん》は、二〇〇九年《ねん》に、社会福祉法人全日本手《しゃかいふくしほうじんぜんにほんて》をつなぐ育成会《いくせいかい》が刊行《かんこう》した『わかりやすい障害者《しょうがいしゃ》の権利条約《けんりじょうやく》』をもとにしています。「おわりに」は記録《きろく》のために、元《もと》の本《ほん》のままにしてあることを申《もう》し上《あ》げます。手《て》に入《はい》らなくなってしまった前《まえ》の本《ほん》を新《あたら》しく出版《しゅっぱん》してくださる伏流社《ふくりゅうしゃ》の小林英樹《こばやしひでき》さんに感謝《かんしゃ》します。小林《こばやし》さんは、学生時代《がくせいじだい》に一緒《いっしょ》に活動《かつどう》した、わかたけサークルというボランティアサークル以来《いらい》の旧友《きゅうゆう》です。

二〇二〇年《ねん》に日本《にほん》が障害者権利条約《しょうがいしゃけんりじょうやく》（英語《えいご》の頭文字《かしらもじ》、ＣＲＰＤからシー・アール・ピー・ディーと世界《せかい》では呼《よ》ばれることもあります）を守《まも》っているかどうかの審査《しんさ》があります。その後《あと》も、四年《ねん》おきにずっと障害者権利条約《しょうがいしゃけんりじょうやく》の審査《しんさ》があります。知的障害者《ちてきしょうがいしゃ》や、ご家族《かぞく》をはじめとしてこの本《ほん》を手《て》に取《と》ってくださる皆様《みなさま》が障害者権利条約《しょうがいしゃけんりじょうやく》を理解《りかい》し、知的障害者《ちてきしょうがいしゃ》の権利《けんり》を進《すす》めるために、この本《ほん》が役《やく》に立《た》てば私《わたし》たちは、とてもうれしく思《おも》います。知的障害者《ちてきしょうがいしゃ》の権利《けんり》を大切《たいせつ》にするこ

とは、知的障害者《ちてきしょうがいしゃ》だけでなく、全《すべ》ての人《ひと》を大切《たいせつ》にすることにつながっているからです。

著者代表《ちょしゃだいひょう》　長瀬《ながせ》　修《おさむ》

◆もくじ◆

装丁《そうてい》　大野敏《おおのびん》／イラスト　後藤真由美《ごとうまゆみ》

※ご希望《きぼう》の方《ほう》には、本書《ほんしょ》のテキストデータを提供《ていきょう》いたします。巻末《かんまつ》の「テキストデータ引換券《ひきかえけん》」を切《き》り取《と》り、送付先《そうふさき》のメールアドレスを明記《めいき》したメモを、伏流社《ふくりゅうしゃ》まで郵便《ゆうびん》で送《おく》って下《くだ》さい。「引換券《ひきかえけん》」到着後《とうちゃくご》、メールにてテキストデータをお送《おく》りいたします。

この本《ほん》について

1 『わかりやすい障害者権利条約《しょうがいしゃけんりじょうやく》』の特徴《とくちょう》

「障害者権利条約《しょうがいしゃけんりじょうやく》」は英語《えいご》など六カ国語《こくご》で書《か》かれています。そして日本語《にほんご》に翻訳《ほんやく》されています。しかし、条約《じょうやく》の文章《ぶんしょう》はとても長《なが》く、ふだん使《つか》わないことばや、むずかしいことばが多《おお》くなっています。

「障害者権利条約《しょうがいしゃけんりじょうやく》」は、私《わたし》たちのための条約《じょうやく》です。私《わたし》たちが、条約《じょうやく》の意味《いみ》を理解《りかい》し、ふだんの生活《せいかつ》のなかで、うまく使《つか》えるように文章《ぶんしょう》を整理《せいり》しました。

2　この本《ほん》の使《つか》い方《かた》

① この本《ほん》には、「みのりさん」と「まもるさん」が出《で》てきます。条約《じょうやく》を一緒《いっしょ》に学《まな》ぶ私《わたし》たちの仲間《なかま》です。

② 大切《たいせつ》なことや知《し》っておいてほしいこと、むずかしいことばには説明《せつめい》をつけました。

③ 書《か》き込《こ》みができるページを作《つく》りました。一人《ひとり》で勉強《べんきょう》するとき、仲間《なかま》と一緒《いっしょ》

みのりさん

まもるさん

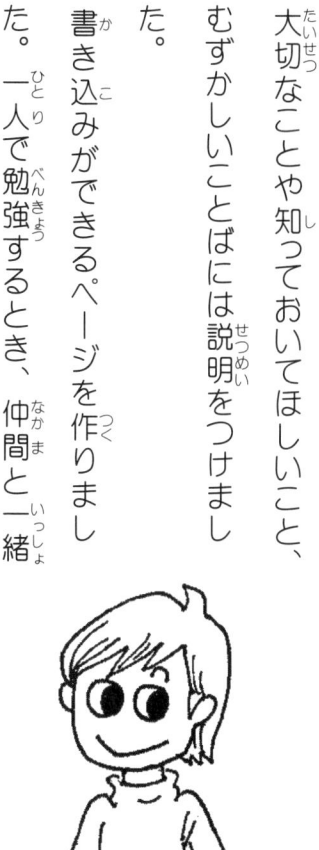

に勉強《べんきょう》するときに使《つか》ってください。

④ 「障害者《しょうがいしゃ》権利《けんり》条約《じょうやく》」について学習会《がくしゅうかい》などをしたい場合《ばあい》は、編著者《へんちょしゃ》の長瀬《ながせ》まで連絡して下さい。

メールアドレス：Nagase@an.email.ne.jp

「障害者《しょうがいしゃ》権利条約《けんりじょうやく》」って何《なん》ですか？

1 障害者権利条約《しょうがいしゃけんりじょうやく》は、どうして作《つく》られたのですか？

1 条約《じょうやく》とは

「障害者権利条約《しょうがいしゃけんりじょうやく》」は、私《わたし》たちの「権利《けんり》」を守《まも》ります、という国《くに》の約束《やくそく》です。私《わたし》たちは、生《う》まれた時《とき》から権利《けんり》を持《も》っています。たとえば、勉強《べんきょう》したり、遊《あそ》んだり、働《はたら》いたりすることは、すべて権利《けんり》です。むりやり、いやなことをさせられないことも権利《けんり》です。自分《じぶん》の住《す》みたい場所《ばしょ》で、自由《じゆう》に生活《せいかつ》することも権利《けんり》です。

私《わたし》たちの権利《けんり》を、私《わたし》たちのために守《まも》るという国《くに》の約束《やくそく》が、障害者権利条約《しょうがいしゃけんりじょうやく》です。

2　条約《じょうやく》が作《つく》られた歴史《れきし》

一九八七年《ねん》に、障害者権利《しょうがいしゃけんり》条約《じょうやく》を作《つく》りましょう、という最初《さいしょ》の話《はな》し合《あ》いが、国連《こくれん》（世界《せかい》の国《くに》が集《あつ》まって話《はな》し合《あ》いをする機関《きかん》）でありました。その時《とき》は、日本《にほん》をふくめ、多《おお》くの国《くに》が反対《はんたい》しました。私《わたし》たちの権利《けんり》を守《まも》ることの大切《たいせつ》さが、わかっていなかったからです。

しかし、だんだんと、障害《しょうがい》のある人《ひと》の権利《けんり》を守《まも》ることは、とても大切《たいせつ》であると、多《おお》くの国《くに》が気《き》づきはじめました。

ようやく二〇〇一年《ねん》になって、国連《こくれん》は私《わたし》たちの権利《けんり》を守《まも》るために障害者権《しょうがいしゃけん》利条約《りじょうやく》が必要《ひつよう》だと認《みと》めました。それから五年間《ねんかん》、国連《こくれん》で話《はな》し合《あ》いがあり、二〇〇六年《ねん》一二月《がつ》に、みんなが待《ま》ち望《のぞ》んでいた「障害者権利条約《しょうがいしゃけんりじょうやく》」ができあがりました。

3 当事者自身《とうじしゃじしん》の参加《さんか》

昔《むかし》から、障害《しょうがい》のある人《ひと》は、自分《じぶん》のことを自分《じぶん》で決《き》めることが許《ゆる》されませんでした。家族《かぞく》や先生《せんせい》、職員《しょくいん》、支援者《しえんしゃ》など、まわりにいる人《ひと》たちや、国《くに》が私《わたし》たちのことを決《き》めてしまっていたのです。

しかし、障害者権利条約《しょうがいしゃけんりじょうやく》の場合《ばあい》は違《ちが》いました。この条約《じょうやく》を作《つく》る話《はな》し合《あ》いのなかで、さまざまな障害《しょうがい》のある人《ひと》が、自分《じぶん》たちの意見《いけん》を力強《ちからづよ》く発言《はつげん》しました。

たとえば、耳《みみ》が聞《き》こえなくて手話《しゅわ》を使《つか》う人《ひと》たち、目《め》が見《み》えない人《ひと》たち、精神《せいしん》障害《しょうがい》のある人《ひと》たち、車《くるま》いすを使《つか》っている人《ひと》たちです。特《とく》に、女《おんな》の人《ひと》がたいへん活躍《かつやく》しました。

さらに、今《いま》までは自分《じぶん》で発言《はつげん》することの少《すく》なかった知的障害《ちてきしょうがい》のある人《ひと》たちが、はっきりと自分《じぶん》の考《かんが》えを言《い》いました。たとえばインクルージョンインターナショナル（国際育成会連盟《こくさいいくせいかいれんめい》、世界《せかい》の知的障害《ちてきしょうがい》のある人《ひと》や家族《かぞく》の組織《そしき》。全国手《ぜんこくて》をつなぐ育成会《いくせいかい》も会員《かいいん》です）のロバート・マーティンさん（次《じ》ページ写真《しゃしん》）や、ミア・ファラーさん（次《じ》ページ写真《しゃしん》）です。彼《かれ》らは、自分《じぶん》の経験《けいけん》と思《おも》いを語《かた》り、多《おお》くの人《ひと》を感動《かんどう》させ、私《わたし》たちの権利《けんり》を守《まも》ることの大切《たいせつ》さを伝《つた》えました。

このようにさまざまな障害《しょうがい》のある人《ひと》たちや、私《わたし》たちの仲間《なかま》が条約作《じょうやくづく》りに参加《さんか》して、「私《わたし》たちを抜《ぬ》きにして、私《わたし》たちのことを決《き》めないで」と言《い》いました。こうしてこの条約《じょうやく》は、私《わたし》たちの意見《いけん》が多《おお》く盛《も》り込《こ》まれた内容《ないよう》となったのです。

ロバート・マーティン（ニュージーランド）（右）と支援者

ミア・ファラー（レバノン）

2 障害者権利条約《しょうがいしゃけんりじょうやく》で暮《く》らしを変《か》えるには？

日本《にほん》の国《くに》が正式《せいしき》に賛成《さんせい》すれば、この条約《じょうやく》は日本《にほん》で使《つか》えるようになります。日本《にほん》で一番大《いちばんおお》きな力《ちから》を持《も》っているのは憲法《けんぽう》です。条約《じょうやく》はその次《つぎ》に力《ちから》を持《も》ちます。条約《じょうやく》は他《ほか》の法律《ほうりつ》よりも強《つよ》い力《ちから》を持《も》っているのです。だから、この条約《じょうやく》はとても重要《じゅうよう》なのです。

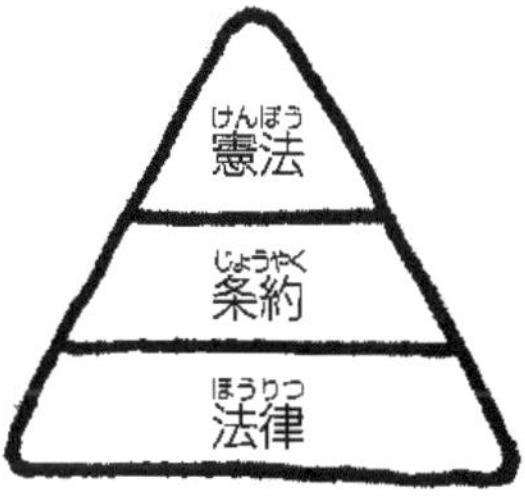

私《わたし》たちは、この条約《じょうやく》を使《つか》って、日本《にほん》の社会《しゃかい》を変《か》えることができます。たとえば、今《いま》の日本《にほん》では、「知的障害《ちてきしょうがい》があるから、他《ほか》の人《ひと》たちと一緒《いっしょ》に勉強《べんきょう》できません」と言《い》われてしまうことがあります。しかし、私《わたし》たちは、

他《ほか》の人《ひと》たちと一緒《いっしょ》に勉強《べんきょう》する権利《けんり》を持《も》っています。その権利《けんり》を守《まも》るために、この条約《じょうやく》が使《つか》えるのです。

では、どうやって使《つか》ったらよいのでしょうか。

1　条約《じょうやく》の内容《ないよう》を理解《りかい》しよう

自分《じぶん》で条約《じょうやく》を手《て》にとって読《よ》んだり、わからないところを質問《しつもん》したり、さまざまな人《ひと》たちと一緒《いっしょ》に勉強会《べんきょうかい》を開《ひら》いたりしましょう。内容《ないよう》を理解《りかい》したら、「障《しょう》害《がい》のある人《ひと》も、ない人《ひと》も住《す》みやすい社会《しゃかい》」を作《つく》るためにはどうしたらよいのか、考《かんが》えていくことが大切《たいせつ》です。

2 知《し》らない人《ひと》に知《し》らせよう、自分《じぶん》たちで発言《はつげん》しよう

この条約《じょうやく》は、学校《がっこう》や会社《かいしゃ》、作業所《さぎょうしょ》、自分《じぶん》の住《す》んでいる町《まち》で使《つか》えます。たとえば、「私《わたし》たちには地域《ちいき》の学校《がっこう》に行《い》く権利《けんり》があります」と主張《しゅちょう》するときに使《つか》えます。会社《かいしゃ》では、「いじめがなくて、安心《あんしん》して仕事《しごと》ができるようにしてください」と主張《しゅちょう》するときに使《つか》えます。町《まち》や地域《ちいき》のなかでは、「情報《じょうほう》はわかりやすく伝《つた》えてください」とか、「私《わたし》たちが集《あつ》まれる場所《ばしょ》や、意見《いけん》を言《い》える機会《きかい》を増《ふ》やしてほしい」と主張《しゅちょう》するときに使《つか》えます。

私《わたし》たちの暮《く》らしをよいものに変《か》えていくために、自分《じぶん》のまわりのいろいろな場所《ばしょ》で、この条約《じょうやく》の中身《なかみ》を知《し》らない人《ひと》に伝《つた》えましょう。この条約《じょうやく》をいかしてい

く努力《どりょく》が、私《わたし》たちには求《もと》められています。

私《わたし》たちの条約《じょうやく》

条《じょう》約《やく》がめざすこと（目的《もくてき》）……第1条

この条約《じょうやく》は、障害《しょうがい》のあるすべての人《ひと》の権利《けんり》を守《まも》り、その人《ひと》らしさを大切《たいせつ》にすることをめざします。「障害《しょうがい》があってもなくても同《おな》じ大切《たいせつ》な人間《にんげん》」と、社会《しゃかい》のすべての人《ひと》がわかるようにすることが、この条約《じょうやく》の目的《もくてき》です。

障害《しょうがい》のある人《ひと》が暮《く》らしにくいのは、社会《しゃかい》にバリアがあるからです。バリアをなくさなければなりません。

あいつは知的障害《ちてきしょうがい》があるから、
給料《きゅうりょう》は安《やす》くていいんだ。

これまでは、私《わたし》たちに障害《しょうがい》があることが
問題《もんだい》だと思《おも》われてきたけど、
本当《ほんとう》に問題《もんだい》なのは、
私《わたし》たちが暮《く》らしにくい社会《しゃかい》の方《ほう》なのね。

条約全体《じょうやくぜんたい》の基本的《きほんてき》な考《かんが》え方《かた》……第3条

1 一人《ひとり》ひとり、だれもが大切《たいせつ》な人間《にんげん》として認《みと》められます。

2 自分《じぶん》らしさと、自分《じぶん》の意見《いけん》や決《き》めたことが、大切《たいせつ》にされます。

3 差別《さべつ》をなくします。

4 すべての人《ひと》が、社会《しゃかい》で一緒《いっしょ》に暮《く》らせます。

5 さまざまな違《ちが》いが、ありのまま受《う》け入《い》れられます。

6 だれでも同《おな》じチャンスがあります。障害《しょうがい》があるという理由《りゆう》で、チャンスをうばわれることはありません。

7 わかりやすい情報《じょうほう》が手《て》にいれられます。

8 男《おとこ》も女《おんな》も平等《びょうどう》です。

9 障害《しょうがい》のある子《こ》どもは、自分《じぶん》の力《ちから》を伸《の》ばすことができます。

どうすれば、
みんなが一緒《いっしょ》と
言《い》えるのかな？
あなたは、
見《み》ててね。

国《くに》がしなければならないこと（義《ぎ》務《む》）……………第4条

国《くに》は、

1 私《わたし》たちが、障害《しょうがい》を理由《りゆう》に差別《さべつ》されないようにします。

2 障害《しょうがい》のある人《ひと》の権利《けんり》と自由《じゆう》を守《まも》ります。

3 私《わたし》たちに関係《かんけい》することを決《き》めるとき、私《わたし》たちの意見《いけん》を大切《たいせつ》にします。

4 差別《さべつ》をなくし、私《わたし》たちの権利《けんり》と自由《じゆう》を守《まも》るために、次《つぎ》のことをします。

① 法律《ほうりつ》や役所《やくしょ》のサービスを、私《わたし》たちの権利《けんり》を守《まも》るものに変《か》えます。

② 差別《さべつ》をなくすために、法律《ほうりつ》や決《き》まりを作《つく》ります。条約《じょうやく》に合《あ》わない法律《ほうりつ》や決《き》まりは変《か》えます。

③ 私《わたし》たちの権利《けんり》を守《まも》る政治《せいじ》をします。

④ この条約《じょうやく》に違反《いはん》しません。市町村《しちょうそん》などの役所《やくしょ》も、この条約《じょうやく》を守《まも》ります。

⑤ 人《ひと》や団体《だんたい》、会社《かいしゃ》が差別《さべつ》をしないようにします。

⑥ 私《わたし》たちの生活《せいかつ》に必要《ひつよう》なものを、だれもが使《つか》いやすく、わかりやすいものにするための研究《けんきゅう》をします。

⑦ 値段《ねだん》が安《やす》くて、私《わたし》たちが使《つか》いやすいものを研究《けんきゅう》したり、作《つく》ったりすることを応援《おうえん》します。

⑧ 支援《しえん》サービスや建物《たてもの》についての情報《じょうほう》をわかりやすくします。

⑨ 私《わたし》たちの権利《けんり》が守《まも》られるように、私《わたし》たちを支援《しえん》するヘルパーや支援《しえん》者《しゃ》、教師《きょうし》への教育《きょういく》や研修《けんしゅう》をします。

5 私《わたし》たちの権利《けんり》を守《まも》るために、必要《ひつよう》なお金《かね》を用意《ようい》します。

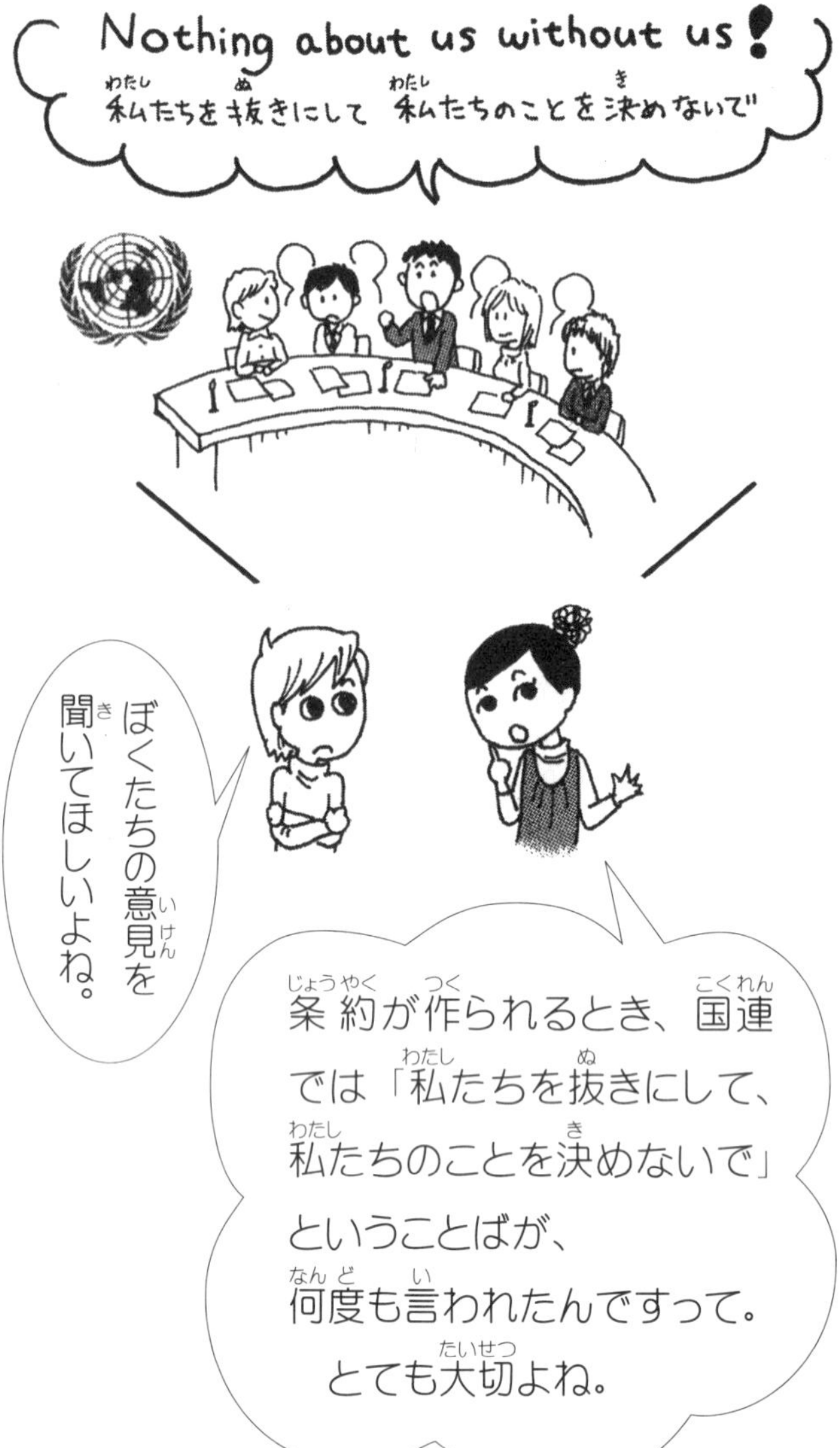

Nothing about us without us!
私《わたし》たちを抜《ぬ》きにして 私《わたし》たちのことを決《き》めないで
ぼくたちの意見《いけん》を聞《き》いてほしいよね。
条約《じょうやく》が作《つく》られるとき、国連《こくれん》では「私《わたし》たちを抜《ぬ》きにして、私《わたし》たちのことを決《き》めないで」ということばが、何度《なんど》も言《い》われたんですって。とても大切《たいせつ》よね。

差別《さべつ》されないこと……第5条

1 障害《しょうがい》のある人《ひと》もない人《ひと》も、みんな同《おな》じ権利《けんり》があります。

2 私《わたし》たちには、法律《ほうりつ》に守《まも》られる権利《けんり》があります。国《くに》は、

1 障害《しょうがい》があるという理由《りゆう》での、すべての差別《さべつ》を禁止《きんし》します。

2 どのような差別《さべつ》（男女差別《だんじょさべつ》や人種差別《じんしゅさべつ》など）もされないように、私《わたし》たちを守《まも》ります。

3 私《わたし》たちが合理的配慮《ごうりてきはいりょ》を得《え》られるように、すべての必要《ひつよう》なことをします。合理的配慮《ごうりてきはいりょ》とは、障害《しょうがい》のある人《ひと》が困《こま》らないようにすることです。

たとえば、知的障害《ちてきしょうがい》のある人《ひと》の場合《ばあい》には、むずかしい文章《ぶんしょう》をわかりやすくすることも、合理的配慮《ごうりてきはいりょ》の一《ひと》つです。

倉庫《そうこ》の中《なか》の、これと同《おな》じシールがはってある棚《たな》においてきて。
わかりました。
このシールか

このように、その人《ひと》にわかりやすい方法《ほうほう》をとりいれることも、「合理的配慮《ごうりてきはいりょ》」です。
このような工夫《くふう》をしないのは、差別《さべつ》になるんだね。

障害《しょうがい》のある女性《じょせい》……第6条

国《くに》は、

1 障害《しょうがい》のある女性《じょせい》と少女《しょうじょ》が、障害《しょうがい》があることと、女性《じょせい》であることという二《ふた》つの理由《りゆう》で、差別《さべつ》されていることを認《みと》めます。

2 障害《しょうがい》のある女性《じょせい》と少女《しょうじょ》の、権利《けんり》と自由《じゆう》を守《まも》ります。

3 障害《しょうがい》のある女性《じょせい》と少女《しょうじょ》が、活躍《かつやく》できるようにします。

男《おとこ》が女《おんな》よりも偉《えら》いとか、何《なに》でもよくできると思《おも》っている人《ひと》は、まだたくさんいるわね。
この条約《じょうやく》は、そうじゃないって、はっきり言《い》っているんだね。

障《しょうがい》害のある子《こ》ども………第7条

1 障《しょうがい》害のある子《こ》どもには、障《しょうがい》害のない子《こ》どもと同《おな》じ権《けんり》利があります。

2 自《じぶん》分のことについて、自《じぶん》分の意《いけん》見を言《い》う権《けんり》利があります。権《けんり》利を使《つか》うときに、手《てつだ》伝ってもらえます。

3 障《しょうがい》害のある子《こ》どもにとって一《いちばん》番よいことが、行《おこな》われるようにします。

4 国《くに》は、障《しょうがい》害のある子《こ》どもの権《けんり》利と自《じゆう》由を守《まも》ります。

子《こ》どもたちだって、
大切《たいせつ》な意見《いけん》を持《も》っている、
ということを忘《わす》れちゃいけない。
大人《おとな》の意見《いけん》を一方的《いっぽうてき》に
押《お》しつけちゃダメ！

私《わたし》たちのことを理解《りかい》してもらうために……………第8条

国《くに》は、

1 家族《かぞく》を含《ふく》め、社会全体《しゃかいぜんたい》が、私《わたし》たちのことをもっと理解《りかい》するようにします。

2 私《わたし》たち一人《ひとり》ひとりが大切《たいせつ》であるという気持《きも》ちを、社会《しゃかい》のなかに育《そだ》てます。

3 私《わたし》たちの権利《けんり》を大切《たいせつ》にするよう、みんなの気持《きも》ちを育《そだ》てます。

4 私《わたし》たちへのまちがった考《かんが》え方《かた》や思《おも》いこみをなくすために、みんなに働《はたら》きかけます。

5 私《わたし》たちには可能性《かのうせい》があり、社会《しゃかい》にとって必要《ひつよう》であることを、社会全体《しゃかいぜんたい》が理解《りかい》するようにします。

6 私《わたし》たちの権利《けんり》を社会全体《しゃかいぜんたい》が理解《りかい》するよう、次《つぎ》のキャンペーンをします。

① 私《わたし》たちの権利《けんり》を認《みと》めます。

② 私《わたし》たちのよいところを認《みと》めます。

③ 私《わたし》たちが職場《しょくば》で重要《じゅうよう》な役割《やくわり》を持《も》っていることを認《みと》めます。

7 私《わたし》たちの権利《けんり》が大切《たいせつ》であることを、小《ちい》さい時《とき》から保育園《ほいくえん》や幼稚園《ようちえん》、学校《がっこう》で教《おし》えます。

8 私《わたし》たちのことを書《か》いたり、放送《ほうそう》したりするときは、私《わたし》たちの権利《けんり》を守《まも》り、差別《さべつ》をなくすという、この条約《じょうやく》の目的《もくてき》に合《あ》うものにするよう、協力《きょうりょく》を求《もと》めます。たとえば、テレビ、ラジオ、新聞《しんぶん》、雑誌《ざっし》、インターネットなどです。

9

私《わたし》たちのことや、私《わたし》たちの権利《けんり》について、社会全体《しゃかいぜんたい》が理解《りかい》するための研修《けんしゅう》をします。

使《つか》いやすいこと、わかりやすいこと……第9条

国《くに》は、

1 いろいろなものを、私《わたし》たちにとって使《つか》いやすくします。

2 いろいろなことを、わかりやすくします。

そのために、次《つぎ》のことをします。

① 建物《たてもの》、道路《どうろ》、乗《の》り物《もの》、駅《えき》、学校《がっこう》、職場《しょくば》、病院《びょういん》などを使《つか》いやすくします。

② 電話《でんわ》やメール、インターネットなどを使《つか》いやすくして、私《わたし》たちが知《し》りたい情報《じょうほう》をいつでも知《し》ることができるようにします。

③ 私《わたし》たちがわかるように説明《せつめい》できる人《ひと》を、増《ふ》やすための研修《けんしゅう》をします。

④ 私《わたし》たちがわかるように説明《せつめい》できる人《ひと》が、どこにでもいるようにします。

⑤ 私《わたし》たち一人《ひとり》ひとりに合《あ》った、わかりやすい方法《ほうほう》や支援《しえん》を用意《ようい》します。

書《か》いてみよう！

❶ 電車《でんしゃ》やバスに乗《の》るとき、困《こま》ることはありますか？
どちらかに◯をつけてください。　はい　いいえ

❷ 「はい」の人《ひと》への質問《しつもん》です。どんなことが困《こま》りますか？
（　　　　）

❸ どのようにすれば、困《こま》らなくなると思《おも》いますか？
（　　　　）

案内図 1F
トイレはどこ？
床《ゆか》の線《せん》のとおりに行《い》けば、
トイレがあるんだね。
トイレ
むずかしい言《い》い方《かた》をされると、わからないよ。漢字《かんじ》だらけの文章《ぶんしょう》も読《よ》めないよね。
そうね。わかるように説明《せつめい》をしてくれるといいわね。

生《い》きる権利《けんり》……第10条

1 私《わたし》たちには、生《い》きる権利《けんり》があります。

2 国《くに》は、私《わたし》たちの生《い》きる権利《けんり》を守《まも》るために、必要《ひつよう》なことをします。

書《か》いてみよう！

今《いま》までで、一番《いちばん》うれしかったことは何《なん》ですか？

（　　）

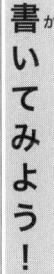

いろんな花《はな》がさいているけど、どれも輝《かがや》いているんだね。

危険《きけん》から守《まも》られること……第11条

国《くに》は、地震《じしん》や津波《つなみ》、台風《たいふう》などの災害《さいがい》があったとき、私《わたし》たちの安全《あんぜん》を守《まも》ります。

大雨洪水警報《おおあめこうずいけいほう》
避難勧告《ひなんかんこく》
大雨《おおあめ》で危険《きけん》です。避難所《ひなんじょ》に逃《に》げなさい。

むずかしい言《い》い方《かた》をされたら…
どうしたらよいか、わからないわ。

書《か》いてみよう！

❶ あなたが住《す》んでいるところの避難所《ひなんじょ》はどこか知《し》っていますか？

どちらかに○をつけてください。　はい　いいえ

※「いいえ」の人《ひと》は、すぐに調《しら》べてみましょう。

❷ 地震《じしん》や台風《たいふう》のときにそなえて、何《なに》か準備《じゅんび》をしていることがあれば教《おし》えてください。

（　　　　　　　　　　）

法律《ほうりつ》によって平等《びょうどう》に認《みと》められること……第12条

私《わたし》たちには、どんなときやどんな場所《ばしょ》でも、他《ほか》の人《ひと》と同《おな》じように法律《ほうりつ》で守《まも》られる権利《けんり》があります。そのために、私《わたし》たちは、必要《ひつよう》とする支援《しえん》を受《う》けることができます。

国《くに》は、

1 法律《ほうりつ》に守《まも》られるために使《つか》う成年後見制度《せいねんこうけんせいど》（注《ちゅう》）などの支援《しえん》が、私《わたし》たちにとって役立《やくだ》つものであるようにします。

2 後見人《こうけんにん》や保佐人《ほさにん》、補助人《ほじょにん》が、私《わたし》たちの権利《けんり》や利益《りえき》、思《おも》っていること、選《えら》んだことを大切《たいせつ》にするようにします。後見人《こうけんにん》や保佐人《ほさにん》、補助人《ほじょにん》が、

私《わたし》たちの必要《ひつよう》に合《あ》わせて支援《しえん》するようにします。裁判所《さいばんしょ》が定期的《ていきてき》（決《き》められた時《とき》）に、後見人《こうけんにん》や保佐人《ほさにん》、補助人《ほじょにん》をチェックするようにします。

3 私《わたし》たちが、財産《ざいさん》（土地《とち》や建物《たてもの》、お金《かね》）を持《も》てたり、親《おや》から引《ひ》き継《つ》いだりできるようにします。

4 私《わたし》たちが自分《じぶん》のお金《かね》を管理《かんり》できるようにします。私《わたし》たちの財産《ざいさん》を勝手《かって》にうばわれないようにします。

（注《ちゅう》） **成年後見制度《せいねんこうけんせいど》**
法律《ほうりつ》の手続《てつづ》きを手伝《てつだ》ってくれる制度《せいど》です。たとえば、福祉《ふくし》サービスを利用《りよう》するときや、値段《ねだん》の高《たか》い物《もの》を買《か》うときなどに、私《わたし》たちの利益《りえき》を守《まも》ってくれる

人《ひと》（後見人《こうけんにん》や保佐人《ほさにん》、補助人《ほじょにん》）が一緒《いっしょ》に考《かんが》えたり、かわりに判断《はんだん》したりします。

裁判《さいばん》と捜査《そうさ》について……第13条

国《くに》は、

1 私《わたし》たちが犯人《はんにん》として疑《うたが》われたときや、被害者《ひがいしゃ》や目撃者《もくげきしゃ》になったとき、私《わたし》たちが困《こま》らないようにします。

2 事件《じけん》の捜査《そうさ》や裁判《さいばん》のとき、私《わたし》たちがわかることばで説明《せつめい》をするようにします。支援者《しえんしゃ》を頼《たの》んだり、弁護士《べんごし》に相談《そうだん》できるようにします。

3 裁判官《さいばんかん》や弁護士《べんごし》、警察官《けいさつかん》が、私《わたし》たちのことを理解《りかい》できるように研修《けんしゅう》をします。

やったんだろ!?
ジュウキョシンニュウって?
住居侵入したな!?

弁護士《べんごし》や支援者《しえんしゃ》を呼《よ》んでもらえばいいのよ。
疑《うたが》われて、警察《けいさつ》につかまったら、どうしよう。

体《からだ》の自由《じゆう》と安全《あんぜん》……第14条

私《わたし》たちには、体《からだ》の自由《じゆう》と安全《あんぜん》の権利《けんり》があります。障害《しょうがい》があるという理由《りゆう》で、自由《じゆう》がうばわれたり、危険《きけん》な目《め》にあうことはありません。悪《わる》いことをしたとしても、ひどいこと（食《た》べさせない、寝《ね》かせない、なぐられるなど）をされない権利《けんり》があります。

拷問《ごうもん》やひどい扱《あつか》い方《かた》の禁止《きんし》……………第15条

警察《けいさつ》でも刑務所《けいむしょ》でも、どこでも、私《わたし》たちは拷問《ごうもん》（注《ちゅう》）や、ひどい扱《あつか》い方《かた》をされたり、心《こころ》をひどく傷《きず》つけるようなことを言《い》われたり、ひどい罰《ばつ》を受《う》けたりすることはありません。国《くに》は、私《わたし》たちが拷問《ごうもん》やひどい扱《あつか》いをされないように、法律《ほうりつ》を変《か》えたり、作《つく》ったりします。

（注《ちゅう》）拷問《ごうもん》
言《い》うことをきかせるために、なぐる、けるなどの痛《いた》い目《め》にあわせて、つらい思《おも》いをさせること。

搾取《さくしゅ》や暴力《ぼうりょく》、虐待《ぎゃくたい》の禁止《きんし》……… 第16条

国《くに》は、

1　私《わたし》たちが家庭《かてい》、施設《しせつ》、学校《がっこう》、職場《しょくば》などで、搾取《さくしゅ》（注《ちゅう》）やレイプ、セクハラをふくむ暴力《ぼうりょく》、いじめなどの虐待《ぎゃくたい》にあわないようにします。

2　搾取《さくしゅ》や暴力《ぼうりょく》、虐待《ぎゃくたい》をなくすために、私《わたし》たちや家族《かぞく》、支援者《しえんしゃ》が相談《そうだん》をしたり、勉強《べんきょう》することを支援《しえん》します。私《わたし》たちへの支援《しえん》は、年齢《ねんれい》や性別《せいべつ》を考《かんが》えたものにします。

3　搾取《さくしゅ》や暴力《ぼうりょく》、虐待《ぎゃくたい》をなくすために、国《くに》の独立《どくりつ》した機関《きかん》が、施設《しせつ》、グループホーム、作業所《さぎょうしょ》、職場《しょくば》、学校《がっこう》などを、監視《かんし》するようにします。

4 もし、私《わたし》たちが搾取《さくしゅ》や暴力《ぼうりょく》、虐待《ぎゃくたい》を受《う》けてしまったら、体《からだ》の傷《きず》や心《こころ》の傷《きず》がなおるようにします。私《わたし》たちが安心《あんしん》して生活《せいかつ》できるような支援《しえん》をします。

5 搾取《さくしゅ》や暴力《ぼうりょく》、虐待《ぎゃくたい》をしている人《ひと》を見《み》つけ、必要《ひつよう》な場合《ばあい》には、裁判《さいばん》にかけることを約束《やくそく》します。

（注《ちゅう》）搾取《さくしゅ》
たとえば、仕事《しごと》をしても給料《きゅうりょう》が支払《しはら》われないこと。または同《おな》じ仕事《しごと》をしても、他《た》の人《ひと》よりも給料《きゅうりょう》が安《やす》いことなど。

国《くに》の独立《どくりつ》した機関《きかん》が
監視《かんし》するって
何《なん》だろう？

たとえば、厚生労働省《こうせいろうどうしょう》が
運営《うんえい》している施設《しせつ》を、
厚生労働省《こうせいろうどうしょう》とは関係《かんけい》のない役所《やくしょ》が
チェックすることよ。
自分《じぶん》の仕事《しごと》を、自分《じぶん》で監視《かんし》すると、
甘《あま》くなりやすいからね。

私《わたし》たちの気《き》持《も》ちと体《からだ》が大切《たいせつ》にされる権利《けんり》……第17条

私《わたし》たちには、気《き》持《も》ちを無視《むし》されたり、体《からだ》を乱暴《らんぼう》に扱《あつか》われたりしない権利《けんり》があります。

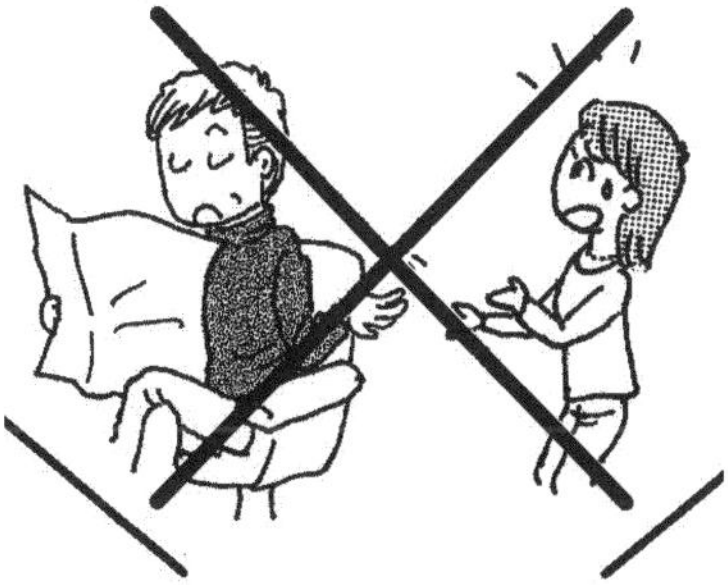

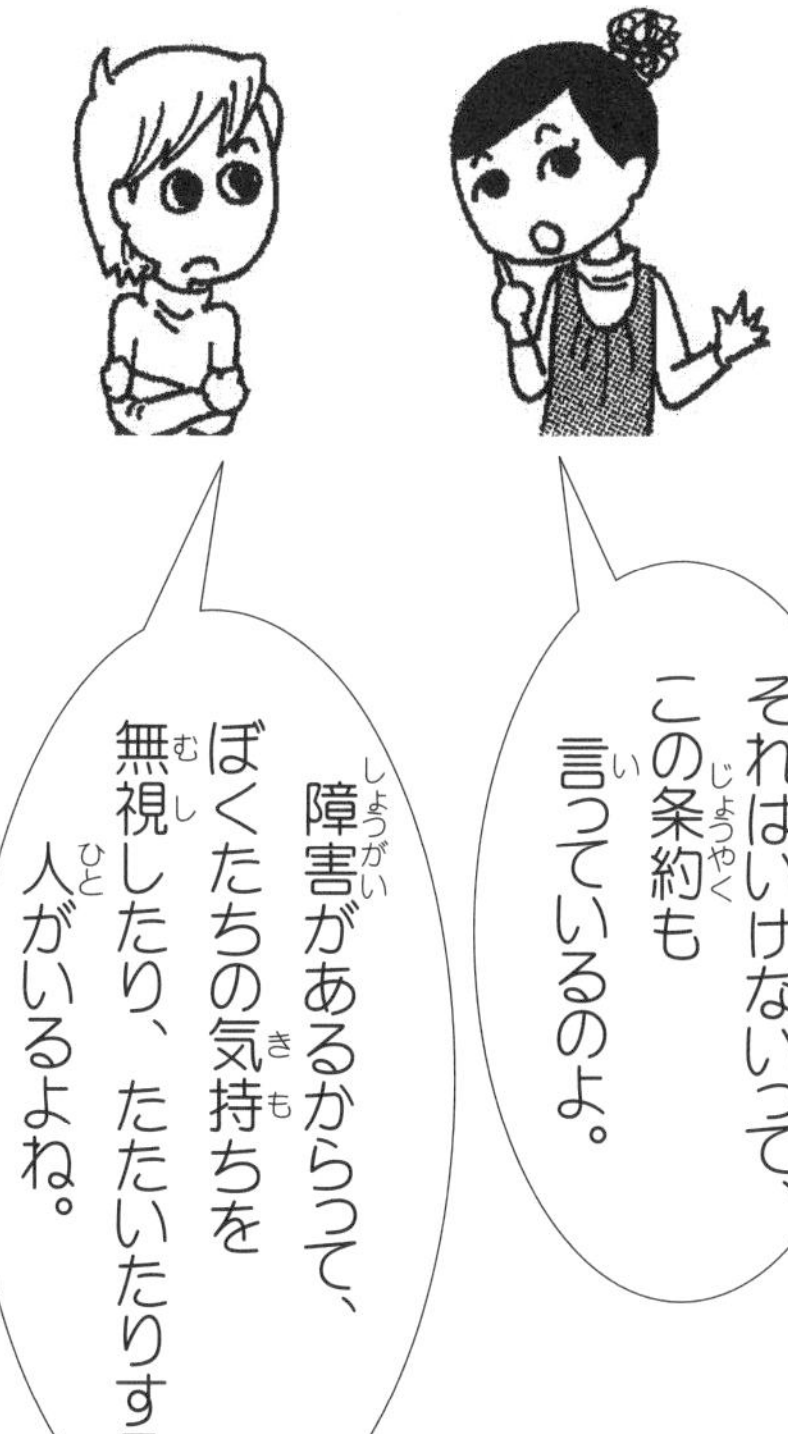
それはいけないって、この条約《じょうやく》も言《い》っているのよ。
障害《しょうがい》があるからって、ぼくたちの気《き》持《も》ちを無視《むし》したり、たたいたりする人《ひと》がいるよね。

生《う》まれたことを認《みと》めてもらい、国籍《こくせき》を持《も》つこと……第18条

1 私《わたし》たちには、生《う》まれたらすぐ、役所《やくしょ》に出生届《しゅっしょうとどけ》（生《う》まれたことを知《し》らせる書類《しょるい》）を出《だ》してもらう権利《けんり》があります。名前《なまえ》を持《も》つ権利《けんり》や、自分《じぶん》の親《おや》に育《そだ》ててもらう権利《けんり》があります。

2 私《わたし》たちには、国籍《こくせき》（日本人《にほんじん》の場合《ばあい》、日本《にほん》の国《くに》が日本人《にほんじん》と認《みと》めること）を持《も》ち、自由《じゆう》に外国《がいこく》に行《い》ったり、外国《がいこく》で暮《く》らす権利《けんり》があります。そのために国《くに》は、私《わたし》たちがパスポートを取《と》ることができるようにします。

生《う》まれたことが
届《とど》けられていないと、
パスポートが
持《も》てないのよ。
パスポート
日本国

日本国
旅券
JAPAN
PASSPORT

町《まち》のなかで自分《じぶん》らしく生《い》きること……… 第19条

1 私《わたし》たちには、町《まち》のなかで暮《く》らす権利《けんり》があります。

2 私《わたし》たちは、どこでだれと一緒《いっしょ》に暮《く》らすのか、自分《じぶん》で選《えら》ぶことができます。私《わたし》たちは、入所施設《にゅうしょしせつ》で暮《く》らすことを、命令《めいれい》されることはありません。

3 私《わたし》たちは、自宅《じたく》やグループホーム、アパートで暮《く》らすための支援《しえん》が受《う》けられます。仲間《なかま》をつくったり、近所《きんじょ》づきあいをしたりするための支援者《しえんしゃ》も頼《たの》めます。

4 町《まち》のなかにあるサービスや建物《たてもの》（たとえば、市役所《しやくしょ》、公民館《こうみんかん》、図書館《としょかん》、プール）は、私《わたし》たちに使《つか》いやすくしてもらえます。

みなさんは今《いま》、どんなところに
住《す》んでいますか？
そして、将来《しょうらい》は、どんな暮《く》らしを
するのが夢《ゆめ》ですか？
そのためには、何《なに》が必要《ひつよう》ですか？

書《か》いてみよう！

❶ あなたが今《いま》、住《す》んでいるのは、どんなところですか？
　どれかに◯をつけてください。
　親《おや》の家《いえ》、自分《じぶん》の家《いえ》、グループホーム、アパート、入所施設《にゅうしょしせつ》、
　その他《た》（　　　　）

❷ あなたがいつか住《す》みたいのは、どんなところですか？

（　　　　）

❸ その夢《ゆめ》（住《す》みたいところに住《す》むこと）を実現《じつげん》するためには、何《なに》が必要《ひつよう》ですか？

（　　　　）

出《で》かけやすくすること……第20条

国《くに》は、

1 私《わたし》たちが自由《じゆう》に出《で》かけられるようにします。

2 好《す》きなときに、自分《じぶん》で選《えら》んだ方法《ほうほう》で、出《で》かけられるようにします。

3 出《で》かけるために、支援者《しえんしゃ》やガイドヘルパーを頼《たの》みやすくします。

ガイドヘルパー

自由《じゆう》に意見《いけん》を言《い》えることと、わかりやすい情報《じょうほう》　第21条

1 私《わたし》たちには、自分《じぶん》が伝《つた》えたい方法《ほうほう》で、自分《じぶん》の気持《きも》ちや考《かんが》えを伝《つた》える権利《けんり》があります。

2 私《わたし》たちには、自分《じぶん》がわかる方法《ほうほう》で、いろいろな情報《じょうほう》を知《し》る権利《けんり》がありま す。たとえば、人《ひと》に話《はな》してもらったり、本《ほん》や雑誌《ざっし》を読《よ》んだり、テレビやラジオ、インターネットを通《とお》したりという方法《ほうほう》です。

国《くに》は、

1 余分《よぶん》なお金《かね》をとらないで、わかりやすい情報《じょうほう》が早《はや》く届《とど》くようにします。

2 役所《やくしょ》などに、絵《え》やカード、わかりやすいことばでの説明《せつめい》があるように

します。耳《みみ》が聞《き》こえない人《ひと》のために手話《しゅわ》や、目《め》が見《み》えない人《ひと》のために点字《てんじ》での説明《せつめい》もあるようにします。

3 駅《えき》や銀行《ぎんこう》、デパート、レストラン、スーパーなどに、案内《あんない》やお知《し》らせをわかりやすくするよう、呼《よ》びかけます。

4 新聞《しんぶん》やテレビ、インターネットでは、漢字《かんじ》やむずかしいことばにふりがなや説明《せつめい》をつけて、わかりやすくするように呼《よ》びかけます。

書《か》いてみよう！

もっとわかりやすく伝《つた》えてほしいことは何《なん》ですか？

（　　　）

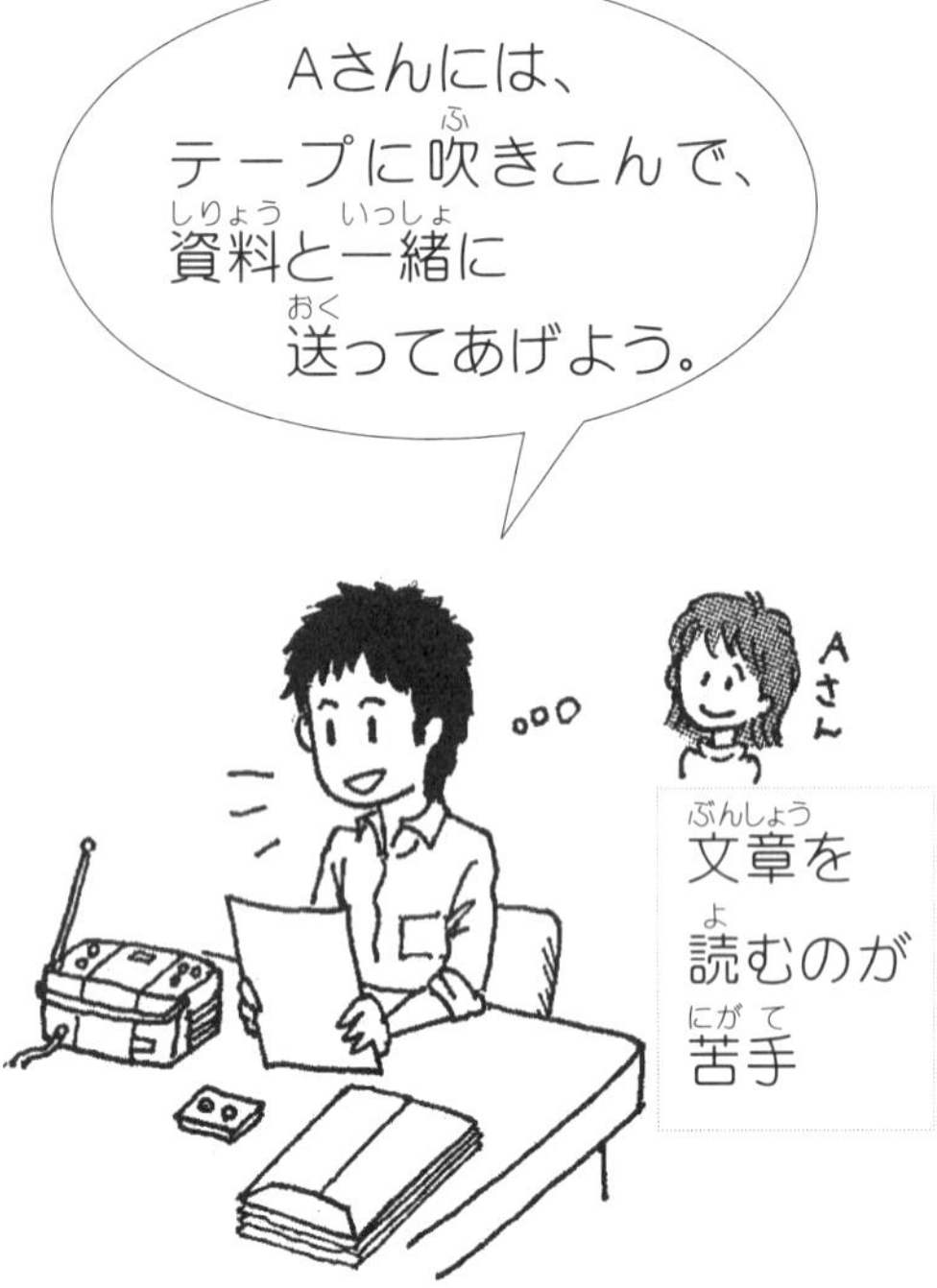
Aさんには、
テープに吹《ふ》きこんで、
資料《しりょう》と一緒《いっしょ》に
送《おく》ってあげよう。
Aさん
文章《ぶんしょう》を
読《よ》むのが
苦手《にがて》

プライバシーが守《まも》られること……第22条

1 私《わたし》たちは、自宅《じたく》、グループホーム、入所施設《にゅうしょしせつ》など、どこに住《す》んでいても、プライバシー（注《ちゅう》）が守《まも》られます。携帯電話《けいたいでんわ》や電話《でんわ》を勝手《かって》に聞《き》かれたり、手紙《てがみ》やメールを勝手《かって》に読《よ》まれない権利《けんり》があります。法律《ほうりつ》が私《わたし》たちの権利《けんり》を守《まも》ります。

2 国《くに》は、私《わたし》たちの個人情報《こじんじょうほう》（注《ちゅう》）や健康《けんこう》の情報《じょうほう》が、勝手《かって》に人《ひと》に伝《つた》わらないようにすることを約束《やくそく》します。

あら、息子《むすこ》の携帯電話《けいたいでんわ》だ。ちょっと見《み》てみましょう。
勝手《かって》に見《み》てはいけません！

（注《ちゅう》）プライバシー

「個人情報《こじんじょうほう》」や人《ひと》に知《し》られたくないこと、人《ひと》に言《い》わなくてもよいこと。

（注《ちゅう》）個人情報《こじんじょうほう》

たとえば住所《じゅうしょ》、氏名《しめい》、電話番号《でんわばんごう》、生年月日《せいねんがっぴ》、家族《かぞく》のこと、給料《きゅうりょう》、貯金《ちょきん》など。

結婚《けっこん》、子《こ》どもをつくること、家族《かぞく》……第23条

1 私《わたし》たちには、結婚《けっこん》する権利《けんり》があります。

2 私《わたし》たちには、子《こ》どもをつくる権利《けんり》があります。

3 障害《しょうがい》のある子《こ》どもには、家族《かぞく》と一緒《いっしょ》に暮《く》らす権利《けんり》があります。国《くに》は、障害《しょうがい》があるために、隠《かく》されたり、捨《す》てられたりしないように、障害《しょうがい》のある子《こ》どもやその家族《かぞく》に、必要《ひつよう》な情報《じょうほう》を早《はや》めに伝《つた》え、支援《しえん》をします。

4 私《わたし》たちには、私《わたし》たちの子《こ》どもと一緒《いっしょ》に暮《く》らす権利《けんり》があります。

5 親《おや》が障害《しょうがい》のある子《こ》どもを育《そだ》てることができないとき、国《くに》は親《しん》せきや里親《さとおや》（親《おや》の代《か》わりに子《こ》どもを育《そだ》ててくれる人《ひと》）が地域《ちいき》の中《なか》で育《そだ》てられるよ

うにします。

国《くに》は、

1 結婚《けっこん》できる年《とし》になり、自由《じゆう》に相手《あいて》を選《えら》んで、お互《たが》いが結婚《けっこん》したいという気持《きも》ちであれば、結婚《けっこん》する権利《けんり》をみんなに認《みと》めます。

2 子《こ》どもをつくるかどうか、また、いつつくるかを私《わたし》たちが責任《せきにん》をもって決《き》める権利《けんり》を認《みと》めます。性教育《せいきょういく》を受《う》けたり、家族計画《かぞくけいかく》（子《こ》どもを産《う》むか産《う》まないか、何人《なんにん》にするか）を勉強《べんきょう》する権利《けんり》を認《みと》めます。私《わたし》たちが、こうした権利《けんり》を使《つか》うための支援《しえん》をします。

3 私《わたし》たちが、子《こ》どもをつくれる体《からだ》（女性《じょせい》は妊娠《にんしん》して赤《あか》ちゃんを産《う》んでお母《かあ》さんになれる体《からだ》、男性《だんせい》はお父《とう》さんになれる体《からだ》）でいられるようにします。

4

私《わたし》たちが、責任《せきにん》をもって子《こ》どもを育《そだ》てられるように、必要《ひつよう》な支援《しえん》をします。

私《わたし》は、もう結婚《けっこん》してるの。いろいろ大変《たいへん》なこともあるけど、二人《ふたり》で力《ちから》を合《あ》わせているから、とても幸《しあわ》せよ。まもるさんも、早《はや》くいい人《ひと》ができるといいわね。
ぼくも好《す》きな人《ひと》ができたら、結婚《けっこん》したいなぁ。

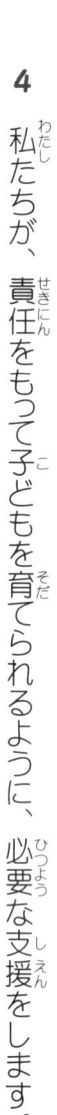

勉強《べんきょう》と学校《がっこう》……第24条

1 私《わたし》たちには、勉強《べんきょう》する権利《けんり》があります。

2 私《わたし》たちには、自分《じぶん》が住《す》んでいる町《まち》のなかの学校《がっこう》に行《い》く権利《けんり》があります。

3 私《わたし》たちが勉強《べんきょう》するための学校《がっこう》は、私《わたし》たちの得意《とくい》なことや、できることを大切《たいせつ》にする場《ば》でなければなりません。

国《くに》は、

1 だれもが同《おな》じ学校《がっこう》で勉強《べんきょう》できるようにします。

2 建物《たてもの》を使《つか》いやすくしたり、先生《せんせい》の人数《にんずう》を増《ふ》やしたりして、私《わたし》たちが勉強《べんきょう》しやすくします。

3 一人《ひとり》ひとりにあった方法《ほうほう》で学《まな》べるようにします。

4 私《わたし》たちにわかりやすい教科書《きょうかしょ》が、使《つか》われるようにします。

5 目《め》が見《み》えない人《ひと》には、点字《てんじ》が勉強《べんきょう》できる場《ば》を用意《ようい》します。そこでは、点《てん》字《じ》ができる目《め》の見《み》えない先生《せんせい》を雇《やと》うようにします。

6 耳《みみ》が聞《き》こえない人《ひと》には、手話《しゅわ》が勉強《べんきょう》できる場《ば》を用意《ようい》します。そこでは、手話《しゅわ》ができる耳《みみ》が聞《き》こえない先生《せんせい》を雇《やと》うようにします。

7 知的障害《ちてきしょうがい》についてよく知《し》っている先生《せんせい》が、私《わたし》たちに教《おし》えるようにします。

8 学校《がっこう》を卒業《そつぎょう》した後《あと》でも、新《あたら》しいことを学《まな》べる場《ば》があるようにします。たとえば、本人活動《ほんにんかつどう》、資格《しかく》を取《と》るための教室《きょうしつ》、パソコン教室《きょうしつ》、スポーツクラブ、料理教室《りょうりきょうしつ》などです。

9　職業訓練《しょくぎょうくんれん》が受《う》けられるようにします。

書《か》いてみよう！

あなたが、勉強《べんきょう》したいことは何《なん》ですか？

（　　　　）

健《けん》康《こう》……第25条

私《わたし》たちには、健康《けんこう》でいる権利《けんり》があります。

国《くに》は、

1 私《わたし》たちが、すべての人《ひと》たちと同《おな》じように病院《びょういん》に行《い》けるようにします。

2 無料《むりょう》または私《わたし》たちが払《はら》える金額《きんがく》で、診察《しんさつ》を受《う》けられるようにします。

3 自分《じぶん》が住《す》んでいる町《まち》の病院《びょういん》に行《い》けるようにします。

4 医師《いし》や看護師《かんごし》、保健師《ほけんし》、薬剤師《やくざいし》が、私《わたし》たちの権利《けんり》を理解《りかい》するようにします。

5 私《わたし》たちが、生命保険《せいめいほけん》（注《ちゅう》）に入《はい》れるようにします。

6 病院《びょういん》が、障害《しょうがい》を理由《りゆう》とする差別《さべつ》をしないようにします。

(注《ちゅう》) **生命保険《せいめいほけん》**

保険会社《ほけんがいしゃ》と契約《けいやく》をして、決《き》められた金額《きんがく》のお金《かね》を払《はら》い、けがや病気《びょうき》になったり、死《し》んだときにお金《かね》をもらえるしくみ。

書《か》いてみよう!

今《いま》まで診察《しんさつ》してもらった病院《びょういん》で、良《よ》かったことは何《なん》ですか?

(　　　　)

自立《じりつ》と社会参加《しゃかいさんか》支援《しえん》…………第26条

国《くに》は、

1 私《わたし》たちが、自立《じりつ》し、社会参加《しゃかいさんか》できるように支援《しえん》をします。

2 保健《ほけん》や仕事《しごと》、教育《きょういく》、福祉《ふくし》について、私《わたし》たちの自立《じりつ》と社会参加《しゃかいさんか》のための計画《けいかく》を立《た》てます。

3 ピア・サポート（障害《しょうがい》のある人同士《ひとどうし》の支援《しえん》）の大切《たいせつ》さを認《みと》め、支援《しえん》します。

4 自立《じりつ》と社会参加《しゃかいさんか》のための支援《しえん》は、できるだけ早《はや》く始《はじ》めるようにします。私《わたし》たちが住《す》んでいるところの近《ちか》くで、支援《しえん》を受《う》けられるようにします。

仕《し》事《ごと》……第27条

1 私《わたし》たちには、働《はたら》く権利《けんり》があります。

2 私《わたし》たちには、いろいろな人《ひと》と一緒《いっしょ》に働《はたら》く権利《けんり》があります。

3 私《わたし》たちには、命令《めいれい》されてではなく、自分《じぶん》で自由《じゆう》に仕事《しごと》を選《えら》ぶ権利《けんり》があります。

4 私《わたし》たちには、自分《じぶん》が働《はたら》きやすい場所《ばしょ》で働《はたら》く権利《けんり》があります。

5 私《わたし》たちには、働《はたら》くことで、生活《せいかつ》できるだけの給料《きゅうりょう》をもらう権利《けんり》があります。

国《くに》は、

1 どんな場所《ばしょ》（会社《かいしゃ》や作業所《さぎょうしょ》）でも、仕事《しごと》についての差別《さべつ》を禁止《きんし》します。仕事《しごと》についての差別《さべつ》とは、障害《しょうがい》があるという理由《りゆう》で、応募《おうぼ》できなかったり、就職《しゅうしょく》試験《しけん》で落《お》とされたり、給料《きゅうりょう》が安《やす》かったり、やめさせられたりすることです。

2 いじめにあわずに安心《あんしん》して安全《あんぜん》に仕事《しごと》ができるようにします。時間《じかん》や給料《きゅうりょう》のことなど、仕事《しごと》について変《か》えてほしいことがあれば、遠慮《えんりょ》しないで言《い》えるようにします。

3 私《わたし》たちの仕事《しごと》についての権利《けんり》を守《まも》ります。会社《かいしゃ》の組合《くみあい》の仲間《なかま》と集《あつ》まって、給料《きゅうりょう》や働《はたら》く時間《じかん》などの不満《ふまん》について話《はな》すことができるようにします。

4 ハローワーク（仕事《しごと》を紹介《しょうかい》してくれるところ）の一般向《いっぱんむ》けの仕事《しごと》の紹介《しょうかい》や職業訓練校《しょくぎょうくんれんこう》（仕事《しごと》の練習《れんしゅう》ができるところ）も、私《わたし》たちが利用《りよう》できるようにします。

5 私《わたし》たちが、普通《ふつう》の会社《かいしゃ》で仕事《しごと》ができるようにします。病気《びょうき》や妊娠《にんしん》をしたとき、休暇《きゅうか》がもらえて、仕事《しごと》が続《つづ》けられるようにします。仕事《しごと》を続《つづ》けるための支援《しえん》を受《う》けられるようにします。

6 私《わたし》たちが、自分《じぶん》で店《みせ》を開《ひら》いたり、会社《かいしゃ》を作《つく》ったりできるようにします。

7 政府《せいふ》や学校《がっこう》、市役所《しやくしょ》、図書館《としょかん》、公民館《こうみんかん》などで、私《わたし》たちが働《はたら》くことができるようにします。

8 私《わたし》たちが働《はたら》ける会社《かいしゃ》を応援《おうえん》します。

9 仕事《しごと》や作業《さぎょう》についての説明《せつめい》が、わかりやすいものになるようにします。

10 私《わたし》たちが、それぞれの体力《たいりょく》に合《あ》わせて働《はたら》けるようにします。

11 私《わたし》たちが、現場実習《げんばじっしゅう》や職業訓練《しょくぎょうくんれん》を受《う》けることができるようにします。

12 私《わたし》たちが、むりやり働《はたら》かされないようにします。必要《ひつよう》な休暇《きゅうか》をとったり、転職《てんしょく》したりできるようにします。

書《か》いてみよう！

❶ 仕事《しごと》で困《こま》ったことは、だれに相談《そうだん》できますか？

（　　　　）

❷ 仕事《しごと》をしていて楽《たの》しいことは何《なん》ですか？

（　　　　）

貯金
¥
給料

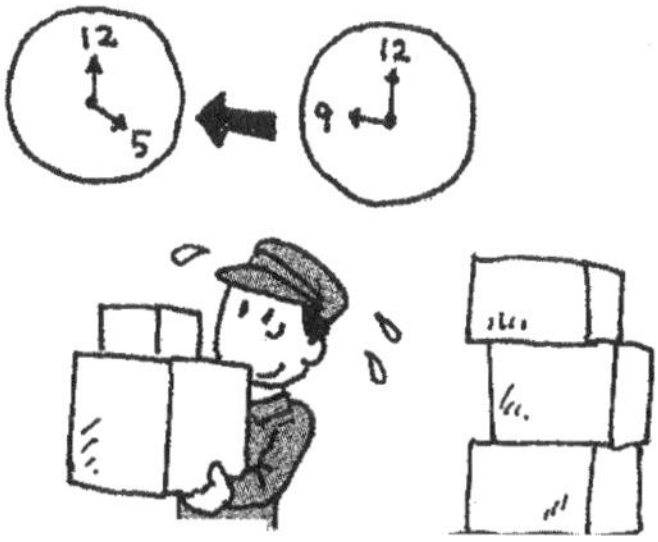
12
5
12
9

働《はたら》くっていうのは、会社《かいしゃ》だけのこと？
違《ちが》うわ。福祉工場《ふくしこうじょう》や作業所《さぎょうしょ》も働《はたら》く場所《ばしょ》よ。それと勤務時間《きんむじかん》やお給料《きゅうりょう》のことも、とても大切《たいせつ》よ。

人間《にんげん》らしい暮《く》らし……第28条

1 私《わたし》たちや家族《かぞく》には、食《た》べるものや着《き》るもの、住《す》むところなど、暮《く》らしに困《こま》らない権利《けんり》があります。

2 私《わたし》たちや家族《かぞく》には、生活《せいかつ》をよりよくする権利《けんり》があります。

3 私《わたし》たちには、国民健康保険《こくみんけんこうほけん》を使《つか》ったり、障害基礎年金《しょうがいきそねんきん》をもらったりする権利《けんり》があります。

4 生活保護《せいかつほご》（暮《く》らしに困《こま》ったときに、助《たす》けてもらえる制度《せいど》）を使《つか》える権利《けんり》があります。

国《くに》は、

1 私《わたし》たちが障害《しょうがい》に関係《かんけい》する支援《しえん》を受《う》けられるようにします。

2 私《わたし》たちが県営住宅《けんえいじゅうたく》や市営住宅《しえいじゅうたく》などに住《す》めるようにします。

政治《せいじ》に参加《さんか》すること……第29条

私《わたし》たちには、政治《せいじ》に参加《さんか》する権利《けんり》があります。政治《せいじ》に参加《さんか》する権利《けんり》とは、選挙《せんきょ》で投票《とうひょう》したり、立候補《りっこうほ》したりすることや、政治《せいじ》についての意見《いけん》を言《い》うことなどです。

国《くに》は、

1 投票《とうひょう》の方法《ほうほう》を簡単《かんたん》にします。

2 誰《だれ》に投票《とうひょう》するのか、自分《じぶん》で決《き》めることができるようにします。誰《だれ》にも知《し》られない方法《ほうほう》で投票《とうひょう》することができるようにします。

3 私《わたし》たちが立候補《りっこうほ》する権利《けんり》と、当選《とうせん》したとき、しっかりと議員《ぎいん》としての

4 仕事《しごと》をする権利《けんり》を守《まも》ります。
投票《とうひょう》で必要《ひつよう》なとき、私《わたし》たちが選《えら》んだ支援者《しえんしゃ》が、私《わたし》たちを支援《しえん》するようにします。

5 私《わたし》たちが政治《せいじ》に参加《さんか》できるように支援《しえん》します。

6 私《わたし》たちが政党《せいとう》や政治《せいじ》に関係《かんけい》する団体《だんたい》に参加《さんか》することを支援《しえん》します。

7 私《わたし》たちが障害者《しょうがいしゃ》の団体《だんたい》やグループを作《つく》ったり、参加《さんか》したりすることを支援《しえん》します。

書《か》いてみよう！

選挙《せんきょ》の投票《とうひょう》に行《い》きますか？

どれかに○をつけてください。

いつも行《い》きます。

行《い》かないときもあります。

行《い》ったことがありません。

よく考《かんが》えて、投票《とうひょう》しなくちゃね。
ぼくはいつも、選挙《せんきょ》に行《い》くよ。

楽《たの》しく生《い》きるための文化《ぶんか》やレクリエーション、レジャー、スポーツ　第30条

私《わたし》たちには、文化《ぶんか》（テレビ番組《ばんぐみ》、映画《えいが》、本《ほん》、演劇《えんげき》など）を楽《たの》しむ権利《けんり》があります。

国《くに》は、

1 テレビ番組《ばんぐみ》、映画《えいが》、本《ほん》、演劇《えんげき》などの文化《ぶんか》を、私《わたし》たちが楽《たの》しめるようにします。

2 私《わたし》たち自身《じしん》と社会《しゃかい》を豊《ゆた》かにするために、私《わたし》たちが持《も》っている芸術的《げいじゅつてき》な力《ちから》（絵《え》を描《えが》く、歌《うた》をうたうなどの力《ちから》）や、知的《ちてき》な力《ちから》をいかすチャンスを作《つく》ります。

3 本《ほん》をわかりやすくするときに、著作権法《ちょさくけんほう》（本《ほん》など文化的作品《ぶんかてきさくひん》を作《つく》った人《ひと》の

権利《けんり》を守《まも》る法律《ほうりつ》）が、バリアにならないようにします。

4 いろいろな人《ひと》が参加《さんか》しているスポーツやレクリエーションに、私《わたし》たちが参《さん》加《か》できるようにします。

5 私《わたし》たちのスポーツ大会《たいかい》（障害者《しょうがいしゃ》スポーツ大会《たいかい》、スペシャルオリンピックスなど）やレクリエーションに参加《さんか》できるようにします。

6 障害《しょうがい》のある子《こ》どもが、学校《がっこう》やいろいろなところで遊《あそ》び、レクリエーションやレジャー、スポーツに参加《さんか》できるようにします。

ぼくの個展《こてん》をやるので、見《み》に来《き》てください。
まぁステキ！かならず行《い》くわ。

条約《じょうやく》を実現《じつげん》するための情報《じょうほう》……第31条

国《くに》は、

1 この条約《じょうやく》を実現《じつげん》するために、国《くに》のなかに障害《しょうがい》のある人《ひと》が何人《なんにん》いるのか、仕事《しごと》をしている障害《しょうがい》のある人《ひと》は何人《なんにん》いるのかなどの必要《ひつよう》な情報《じょうほう》を集《あつ》めます。情報《じょうほう》を集《あつ》めたり、記録《きろく》したりするときに、法律《ほうりつ》にしたがって私《わたし》たちの秘密《ひみつ》やプライバシーを守《まも》ります。

2 集《あつ》めた情報《じょうほう》を、次《つぎ》のときに使《つか》います。

① この条約《じょうやく》を実現《じつげん》するという約束《やくそく》を、国《くに》が守《まも》っているかどうか調《しら》べるとき。

② 私《わたし》たちが自分《じぶん》の権利《けんり》を使《つか》うために何《なに》がバリアになっているかを調《しら》べ

て、バリアになっているものをなくすとき。

3 集《あつ》めた情報《じょうほう》を、私《わたし》たちに伝《つた》えます。その情報《じょうほう》を私《わたし》たちにわかりやすいものにします。

国《くに》を超《こ》える助《たす》け合《あ》い（国際協力《こくさいきょうりょく》）……第32条

国《くに》は、

1 国《くに》を超《こ》える助《たす》け合《あ》いが大切《たいせつ》であると認《みと》め、外国政府《がいこくせいふ》や国連《こくれん》（世界《せかい》の国《くに》が集《あつ》まって話《はな》し合《あ》いをする機関《きかん》）、国際育成会連盟《こくさいいくせいかいれんめい》（世界《せかい》の知的障害《ちてきしょうがい》のある人《ひと》や家族《かぞく》の組織《そしき》）やピープルファースト（知的障害《ちてきしょうがい》のある人《ひと》の組織《そしき》）など障害《しょうがい》のある人《ひと》の組織《そしき》と協力《きょうりょく》します。

2 国《くに》を超《こ》える助《たす》け合《あ》いの活動《かつどう》に、私《わたし》たちが参加《さんか》できるようにします。

3 国《くに》を超《こ》える交流《こうりゅう》や研修《けんしゅう》を通《とお》して、私《わたし》たち一人《ひとり》ひとりや、私《わたし》たちのグループの力《ちから》が伸《の》びるようにします。

日本国内《にほんこくない》でのチェック……第33条

1 国《くに》は、この条約《じょうやく》が守《まも》られているかどうか、チェックするための組織《そしき》を作《つく》ります。その組織《そしき》は、国《くに》から独立《どくりつ》したものにして、私《わたし》たちの権利《けんり》を守《まも》ります。

2 市民《しみん》や全国手《ぜんこくて》をつなぐ育成会連合会《いくせいかいれんごうかい》、ピープルファーストなど私《わたし》たちを代表《だいひょう》する組織《そしき》は、国《くに》がこの条約《じょうやく》を守《まも》っているかどうかをチェックします。

条約《じょうやく》を実現《じつげん》するための、国《くに》を超《こ》えたチェックのしくみ　第34～36条

1　それぞれの国《くに》が条約《じょうやく》をきちんと実現《じつげん》しているかどうかチェックするために、障害《しょうがい》のある人《ひと》の権利《けんり》に関《かん》する、国《くに》を超《こ》えた委員会《いいんかい》を作《つく》ります。障害《しょうがい》のある人《ひと》の権利《けんり》について詳《くわ》しい人《ひと》が、委員《いいん》になります。委員《いいん》を選《えら》ぶときには、世界《せかい》のいろいろな地域《ちいき》、性別《せいべつ》のバランスが取《と》れるようにします。また、障害《しょうがい》のある専門家《せんもんか》が委員《いいん》になれるようにします。委員《いいん》は、批准《ひじゅん》した（守《まも》ると約束《やくそく》した）国《くに》が、選挙《せんきょ》で投票《とうひょう》をして選《えら》びます。

2　条約《じょうやく》を批准《ひじゅん》した国《くに》は、この委員会《いいんかい》に報告書《ほうこくしょ》を出《だ》さなければなりません。報告書《ほうこくしょ》には、その国《くに》がこの条約《じょうやく》を行《おこな》うために何《なに》をしたのか、そしてどう

いう変化《へんか》があったのかを書《か》きます。委員会《いいんかい》は、その国《くに》の報告書《ほうこくしょ》を詳《くわ》しく調《しら》べます。そして、その国《くに》に対《たい》して、提案《ていあん》と勧告《かんこく》（こうしたほうがよいという意見《いけん》）をします。

3

国《くに》は、自分《じぶん》の国《くに》の報告書《ほうこくしょ》や委員会《いいんかい》からの提案《ていあん》と勧告《かんこく》を、みんなが読《よ》めるようにします。

条約《じょうやく》をみんながわかるようにすること……第49条

この条約《じょうやく》は、私《わたし》たちにわかりやすいものでなければなりません。

おわりに

ここでは、この『わかりやすい障害者《しょうがいしゃ》の権利《けんり》条約《じょうやく》』をなぜ作《つく》ろうと思《おも》ったのか、そして、どういう形《かたち》で作《つく》り上《あ》げたのかの二点《にてん》についてお伝《つた》えしたいと思《おも》います。

1 なぜ、作《つく》ろうと思《おも》ったのか？

全日本手《ぜんにほんて》をつなぐ育成会《いくせいかい》（以下《いか》、「育成会《いくせいかい》」と略《りゃく》します）は、世界《せかい》の知的《ちてき》障害《しょうがい》のある人《ひと》と家族《かぞく》の組織《そしき》である国際育成会連盟《こくさいいくせいかいれんめい》（インクルージョンインターナショナル）の日本《にほん》の組織《そしき》です。国際育成会連盟《こくさいいくせいかいれんめい》は全部《ぜんぶ》で一四名の理事《りじ》のうち、五名が知的障害《ちてきしょうがい》のある人《ひと》です。この国際育成会連盟《こくさいいくせいかいれんめい》を通《つう》じて、私《わたし》たちは国連《こくれん》の場《ば》で障害者《しょうがいしゃ》の権利《けんり》条約作《じょうやくづく》りに参加《さんか》しました。私《わたし》たちを代表《だいひょう》して発言《はつげん》してくれたのが、二二ページに出《で》てくるロバート・マーティンさんやミア・ファラーさんでした。

そうした知的障害《ちてきしょうがい》のある人《ひと》自身《じしん》の参加《さんか》の結果《けっか》として、わかりやすい表現《ひょうげん》（条約本文《じょうやくほんぶん》の第二条、第九条）、入所施設《にゅうしょしせつ》ではなく、地域《ちいき》で暮《く》らす権利《けんり》（第一九条）、地域《ちいき》の学校《がっこう》に行《い》ける権利《けんり》（第二四条）、障害《しょうがい》のある人《ひと》の権利《けんり》を守《まも》るための家族支援《かぞくしえん》の大切《たいせつ》さ（前文《ぜんぶん》の×）などが、条約《じょうやく》に盛《も》り込《こ》まれたのです。

私《わたし》自身《じしん》が国際育成会連盟《こくさいいくせいかいれんめい》の理事《りじ》として国連《こくれん》で知的障害《ちてきしょうがい》のある人《ひと》の活躍《かつやく》を見《み》

て、強《つよ》い刺激《しげき》を受《う》けました。そこで、日本《にほん》のみなさんに、「知的障害《ちてきしょうがい》のある人《ひと》が参加《さんか》して作《つく》り上《あ》げた障害者《しょうがいしゃ》の権利《けんり》条約《じょうやく》を伝《つた》えたい」と思《おも》ったのです。育成《いくせい》会《かい》の国際活動《こくさいかつどう》委員会《いいんかい》のみなさんの賛成《さんせい》が得《え》られて、育成会《いくせいかい》の事業《じぎょう》として、わかりやすい条約作《じょうやくづく》りに取《と》り組《く》むことになりました。

2　どういう方法《ほうほう》で作《つく》り上《あ》げたのか?

育成会《いくせいかい》の国際活動《こくさいかつどう》委員会《いいんかい》のなかに編集《へんしゅう》委員会《いいんかい》を作《つく》り、さらにその編集《へんしゅう》委員《いいん》会《かい》のなかに作業《さぎょう》チームを作《つく》りました。この過程《かてい》すべてを常《つね》に強力《きょうりょく》に支《ささ》えてくださったのは、育成会事務局《いくせいかいじむきょく》の岡庭千泰《おかにわちひろ》さんと袖山啓子《そでやまけいこ》さんです。

二〇〇七年《ねん》八月《がつ》に、小林勇輔《こばやしゆうすけ》さん、遠藤美貴《えんどうみき》さんと私《わたし》の三人が作業《さぎょう》チームとして、私《わたし》が勤《つと》めている東京大学《とうきょうだいがく》の研究室《けんきゅうしつ》で作業《さぎょう》を始《はじ》めました。

知的障害《ちてきしょうがい》のある小林《こばやし》さんの参加《さんか》がなければ、この作業《さぎょう》は始《はじ》められませんでした。「私《わたし》たちを抜《ぬ》きにして私《わたし》たちのことを決《き》めないで」（Nothing《ナッシング》 about《アバウト》 us《アス》 without《ウィズアウト》 us《アス》 ：）ということばが繰《く》り返《かえ》された、国連《こくれん》での条約作《じょうやくづく》りと同《おな》じように、本人《ほんにん》の参加《さんか》が絶対《ぜったい》に欠《か》かせないと信《しん》じていたからです。

小林《こばやし》さんは振《ふ》り返《かえ》って、

「わかりやすい条約作《じょうやくづく》りをしてみて、知的障害者《ちてきしょうがいしゃ》の権利《けんり》が奪《うば》われていることがわかりました。自分《じぶん》は知的障害者《ちてきしょうがいしゃ》で、障害者《しょうがいしゃ》でないとわからないことがあったので、この作業《さぎょう》に参加《さんか》して、本当《ほんとう》によかったです」

と語《かた》っています。

秋《あき》には、韓国《かんこく》からの留学生《りゅうがくせい》で育成会《いくせいかい》の国際活動《こくさいかつどう》も手伝《てつだ》ってくださっている李美貞（イ・ミチョン）さんも加《くわ》わってくださいました。「日本語《にほんご》を学《まな》んでいる外《がい》国《こく》の人《ひと》にもわかりやすい」という大切《たいせつ》な視点《してん》もここで加《くわ》えていただきました。

作業《さぎょう》はそれぞれの条文《じょうぶん》について、育成会《いくせいかい》の国際活動《こくさいかつどう》委員《いいん》である川島聡《かわしまさとし》さんと私《わたし》が訳《やく》した条約《じょうやく》の翻訳《ほんやく》をもとに、作業《さぎょう》チームのメンバー各自《かくじ》がわかりやすくしたものをそれぞれ持《も》ち寄《よ》って、当日《とうじつ》、スクリーンに映《うつ》し出《だ》して、カンカンガクガク、みんなの意見《いけん》を出《だ》し合《あ》って、それをまとめるという形《かたち》で進《すす》めました。

『「障害者権利《しょうがいしゃけんり》条約《じょうやく》」って何《なん》ですか？』の最初《さいしょ》の案《あん》は川島《かわしま》さんが作《つく》ってくださいました。

二〇〇八年《ねん》に入ってからは、各条《かくじょう》をわかりやすくする作業《さぎょう》を、東京《とうきょう》の育成《いくせい》会《かい》で行《おこな》いました。全部《ぜんぶ》で一九回《かい》の作業《さぎょう》チーム会合《かいごう》は、いつも土曜日《どようび》に行《おこな》い、二〇〇八年《ねん》六月《がつ》に終《お》わりました。

この作業《さぎょう》チーム会合《かいごう》には、途中《とちゅう》からボランティアの応援団《おうえんだん》として阿部八重《あべやえ》さん、小山登《こやまのぼる》さん、高島雅美《たかしままさみ》さん、館森久秋《たてもりひさあき》さん、畠山正憲《はたけやままさのり》さん、水橋寛光《みずはしひろみつ》さんが顔《かお》を出《だ》して、本人側《ほんにんがわ》からの意見《いけん》をくださいました。

この作業《さぎょう》チームの作業《さぎょう》が進《すす》められていた二〇〇八年《ねん》三月《がつ》には学習会《がくしゅうかい》という形《かたち》で、全国《ぜんこく》の本人活動《ほんにんかつどう》をしているみなさんから、貴重《きちょう》な意見《いけん》をいただくことができました。当日《とうじつ》は外務省《がいむしょう》人権人道課《じんけんじんどうか》の方《かた》にも来《き》ていただいて、条約《じょうやく》の説明《せつめい》がありました。

作業《さぎょう》チームの作業《さぎょう》終了《しゅうりょう》を受《う》けて、今度《こんど》は編集委員会《へんしゅういいんかい》が本格的《ほんかくてき》に編集作業《へんしゅうさぎょう》を始《はじ》めたのが、二〇〇八年《ねん》六月《がつ》でした。編集委員《へんしゅういいん》は、赤津保子《あかつやすこ》さん、久保田《くぼた》美也子《みやこ》さん（副委員長《ふくいいんちょう》）、奈良崎真弓《ならざきまゆみ》さん、山崎裕美子《やまざきゆみこ》さん、長瀬《ながせ》（委員長《いいんちょう》）でした。知的障害者本人《ちてきしょうがいしゃほんにん》の奈良崎《ならざき》さんの存在《そんざい》は貴重《きちょう》でした。「この本《ほん》について」の最初《さいしょ》の案《あん》は、山崎《やまざき》さんが作《つく》ってくださいました。また、このテーマにそったイラストを後藤真由美《ごとうまゆみ》さんがかいてくださいました。

編集委員会《へんしゅういいんかい》は全部《ぜんぶ》で一四回開《かいひら》かれ、二〇〇八年《ねん》一二月《がつ》に終《お》わりました。最《さい》終段階《しゅうだんかい》では中央法規出版《ちゅうおうほうきしゅっぱん》の土屋正太郎《つちやしょうたろう》さんと佐藤亜由子《さとうあゆこ》さんに、貴重《きちょう》なご助《じょ》言《げん》をいただきました。

このように約《やく》一年半《ねんはん》という長《なが》い期間《きかん》をかけて、たくさんの方《かた》の力《ちから》を得《え》て、『わかりやすい障害者《しょうがいしゃ》の権利《けんり》条約《じょうやく》』はできあがりました。私自身《わたしじしん》にとって貴重《きちょう》な学《まな》びの機会《きかい》でした。私《わたし》どもの意図《いと》を理解《りかい》し、助成《じょせい》してくださった丸紅基金《まるべにききん》をはじめ、協力《きょうりょく》してくださったすべてのみなさまに心《こころ》から御礼《おれい》を申《もう》し上《あ》げます。

この条約《じょうやく》を活《いか》すためには、知《し》ることが第一歩《だいいっぽ》です。私《わたし》たちは知的障害《ちてきしょうがい》のある人《ひと》に知《し》ってほしいと願《ねが》って、この本《ほん》を作《つく》りました。わかりやすくする努力《どりょく》をしました。そして、知的障害《ちてきしょうがい》のある人《ひと》にわかりやすくするための努力《どりょく》は、みんなにわかりやすくするための努力《どりょく》です。

しかし、この本《ほん》は、わかりやすくするための努力《どりょく》の一《ひと》つでしかありません。十分《じゅうぶん》でないところもあります。ぜひ、みなさんの力《ちから》で補《おぎ》なってください。

障害者権利条約《しょうがいしゃけんりじょうやく》に書《か》いてあることが当《あた》り前《まえ》まえの社会《しゃかい》、だれもが暮《く》らしやすい社会《しゃかい》の実現《じつげん》のために一緒《いっしょ》に取《と》り組《く》みましょう。

社会福祉法人《しゃかいふくしほうじん》　全日本手《ぜんにほんて》をつなぐ育成会《いくせいかい》　国際活動委員長《こくさいかつどういいんちょう》　長瀬《ながせ》　修《おさむ》

（二〇〇九年《ねん》三月《がつ》一日《にち》、旧版《きゅうはん》の「おわりに」を再収録《さいしゅうろく》しました）

この本《ほん》を作《つく》った人《ひと》たち

赤津　保子（あかつ　やすこ）

李　美貞（イ　ミチョン）

遠藤　美貴（えんどう　みき）

久保田　美也子（くぼた　みやこ）

小林　勇輔（こばやし　ゆうすけ）

長瀬　修（ながせ　おさむ）

奈良﨑　真弓（ならざき　まゆみ）

山﨑　裕美子（やまざき　ゆみこ）

テキストデータ引換券《ひきかえけん》

ご希望《きぼう》の方《ほう》には、本書《ほんしょ》のテキストデータを提供《ていきょう》いたします。本頁《ほんぺーじ》を切《き》り取《と》り、住所《じゅうしょ》・氏名《しめい》および送付先《そうふさき》のメールアドレスを明記《めいき》し、下記《かき》まで郵便《ゆうびん》で送《おく》って下《くだ》さい。到着後《とうちゃくご》、メールにてテキストデータをお送《おく》りいたします。

〒 113-0034 東京都文京区湯島 1-9-10 湯島ビルディング 103
有限会社　伏 流 社

住所《じゅうしょ》 ＿＿＿＿＿＿＿＿＿＿＿＿＿＿＿＿

氏名《しめい》 ＿＿＿＿＿＿＿＿＿＿＿＿＿＿＿＿

メールアドレス ＿＿＿＿＿＿＿＿＿＿＿＿＿＿

FAX《ファックス》でなく、郵便《ゆうびん》で送《おく》るんだね。
そうすれば、この本《ほん》のテキストデータを送《おく》ってくれるわよ。

キリトリ線

長瀬《ながせ》　修《おさむ》

青森県八戸市《あおもりけんはちのへし》生《う》まれ。現在《げんざい》は、立命館大学生存学研究所《りつめいかんだいがくせいぞんがくけんきゅうしょ》教授《きょうじゅ》、インクルージョンインターナショナル（国際育成会《こくさいいくせいかい》連盟《れんめい》）役員《やくいん》、障害平等研修《しょうがいびょうどうけんしゅう》フォーラム理事《りじ》、日本障害法《にほんしょうがいほう》学会理事《がくかいりじ》、日本障害《にほんしょうがい》フォーラム（JDF）障害者権利条約推《しょうがいしゃけんりじょうやくすい》進委員会副委員長《しんいいんかいふくいいんちょう》。過去《かこ》には、障害学会事務局長《しょうがいがっかいじむきょくちょう》・理事《りじ》、全日本手《ぜんにほんて》をつなぐ育成会国際活動委員会委員長《いくせいかいこくさいかつどういいんかいいいんちょう》、インクルージョンインターナショナルアジア太平洋地域代表《たいへいようちいきだいひょう》。

著訳書《ちょやくしょ》：『障害者権利条約《しょうがいしゃけんりじょうやく》の実施《じっし》』（共編著《きょうへんちょ》、2018年《ねん》、信《しん》山社《ざんしゃ》）、『障害学《しょうがいがく》への招待《しょうたい》』（共編著《きょうへんちょ》、1999年《ねん》、明石書店《あかししょてん》）、ヒュー・ギャラファー著《ちょ》『ナチスドイツと障害者《しょうがいしゃ》「安楽《あんらく》死《し》」計画《けいかく》』（訳《やく》、現代書館《げんだいしょかん》、1996年《ねん》）等《とう》。

わかりやすい障害者権利条約

－知的障害のある人の権利のために－　©2019

令和1年9月10日　初版発行

編著者　長 瀬　修

発　行　有限会社 伏 流 社

東京都文京区湯島1－9－10

電話　03(5615)8043

Fax.　03(5615)9743

印刷・製本（株）シナノパブリッシングプレス

検印省略

落丁・乱丁はお取り替え致します。

定価は、カバーに表示されています。

ISBN978-4-9910441-2-0 C0036

マイノリティが見た神々の国・日本

－障害者、LGBT、HIV 患者、そしてガイジンの目から－

四六判／上製　**定価：本体 1700 円＋税**

ケニー・フリース 著　古畑正孝 訳

原題にある「神々の国」(the Province of the Gods) とは、ラフカディオ・ハーンの著作より引いたものである。ハーンもまた隻眼の人であったが、著者に至っては、身体障害者であり、かつ LGBT であり、かつ HIV 患者であり、日本においてはガイジン（ユダヤ系アメリカ人）として見られ、いわば究極のマイノリティと言っても過言ではない。その著者が、日本では米国社会にはない不思議な「居心地の良さ」を感じ、その背景に、日本神話の中には障害をもつ神が存在することに着目する。そして、この印象の深層を掘り起こすため様々な人々と出会い、全国各地を訪ね歩く。しかしそれは、人生最大の危難に遭遇し、深い暗闇の中から抜け出すための、癒やしの旅でもあったのだ。

殿　上　の　杖　－明石覚一の生涯－

四六判／上製　**定価：本体 1900 円+税　花田春兆 著**

中世の日本にこんなスゴイ視覚障害者がいた！

視覚障害者の相互扶助を目的とした「座」の組織は、座頭市でもお馴染みだが、これを創設したのが、本書の主人公・明石覚一である。また、覚一は、平家琵琶の名手であったが、単なる一演奏家には終わらず、バラバラに伝承されていた平家物語の語り本を、「覚一本」として集大成するといった偉業を成し遂げている。彼は超一流の芸術家であったと同時に、足利尊氏との縁故を活かして、先進的な福祉制度をいちはやく日本に取り入れた、有能な政治家でもあったのだ。南北朝動乱のさ中、逞しく、かつ誇り高く生き抜いたスーパー障害者の人生を、現代の明石覚一とも言える著者が、渾身の筆致で描く。

田中優子氏 推薦（法政大学総長）